ATELIER

A. Allongé

PARIS, 1898

ATELIER

A. ALLONGÉ

CATALOGUE

DES

AQUARELLES, FUSAINS

Tableaux et Études

PAR

A. ALLONGÉ

DONT LA VENTE APRÈS DÉCÈS AURA LIEU

HOTEL DROUOT, SALLE N° 6

Les Lundi 5 et Mardi 6 Décembre 1898

Et Salle N° 7

Le Mercredi 7 Décembre 1898, à deux heures

Me PAUL AULARD	**MM. J. CHAINE & SIMONSON**
COMMISSAIRE-PRISEUR	EXPERTS
6, rue Saint-Marc, 6	19, rue Caumartin, 19

Chez lesquels on distribue le Catalogue

EXPOSITION PARTICULIÈRE

Les Jeudi 1er, Vendredi 2 et Samedi 3 Décembre 1898

DE DIX HEURES A CINQ HEURES

GALERIE DES ARTISTES MODERNES

19, rue de Caumartin, 19

(Voir ci-après l'*Ordre des vacations* et l'*Exposition publique*

CONDITIONS DE LA VENTE

La vente sera faite au comptant.

Les acquéreurs paieront CINQ POUR CENT en sus des prix d'adjudication.

Schiller, imp. — Paris.

ORDRE DES VACATIONS

SALLE N° 6

Lundi 5 et Mardi 6 Décembre 1898, à deux heures

Vente comprenant les Aquarelles et Fusains.

SALLE N° 7

Mercredi 7 Décembre 1898, à deux heures

Vente comprenant les Tableaux et Études

EXPOSITIONS PUBLIQUES

Salle N° 6

Dimanche 4 Décembre 1898, de 1 h. 1/2 à 5 h. 1/2

Salle N° 7

Mardi 6 Décembre 1898, de 1 h. 1/2 à 5 h. 1/2

DÉSIGNATION

Aquarelles

1 — Le Loing, à la Gravine.

2 — La Mare aux Fées.

3 — Bouleaux sur le plateau.

4 — La Mare aux Fées, au printemps.

5 — Une Avenue dans la forêt de Fontainebleau.

6 — Une Escale au lac de Gérardmer.

7 — Le Printemps, à la Mare-aux-Fées.

8 — Environs de Cesson.

9 — Un Coin de culture maraîchère.

10 — Les Hêtres en hiver.

11 — Lisière de forêt, à Marlotte.

12 — Bords de rivière, à Sorquès.

13 — Le Puits, à Bourron.

14 — L'Augrogne, à Plombières.

15 — Les Hêtres, à Martinwast.

16 — Parc de Martinwast.

17 — Bornage de la forêt de Fontainebleau.

18 — Une Mare après les pluies.

19 — Roches.

20 — Le Loing, à Épisy.

21 — En Forêt.

22 — Lac de Gérardmer.

23 — L'Hiver en Russie.

24 — A Tzarkoë-Selo.

25 — Un Hêtre dans la forêt de Fontainebleau.

26 — Chevreuil dans la neige.

27 — Une Coupe de sapins en forêt.

28 — Bouleaux, à la Mare-aux-Fées.

29 — Chemin en lisière de forêt.

30 — Sur la route du Rocher-Bébé.

31 — Bords du Loing, à Montigny, au printemps.

32 — Le Loing, à Montigny.

33 — Cascade de Faymont, près Plombières.

34 — Aux Environs de Plombières.

35 — L'Escaut, à Anvers.

36 — Champ de betteraves, à Marlotte.

37 — Brouillards d'automne.

38 — Environs de Bourron.

39 — Roses trémières.

40 — Nature morte (Poissons).

41 — Fougères, à l'entrée de la forêt.

42 — Effet de givre dans la forêt.

43 — Chemin sous la neige.

*

44 — Un Coin de cour, à Bourron.

45 — Dans le Parc de Martinwast.

46 — Le Lac de Gérardmer.

47 — Route du Chêne-Pinguet, à Marlotte

48 — Une Scierie, à Plombières.

49 — Près de la Mare-aux-Fées.

50 — Barrage, à Plombières.

51 — Éventail.

52 — Bouleaux, à la Mare-aux-Fées.

53 — Chaumière, à Bourron.

54 — Maison de la Mère Modeste, à Marlotte.

55 — Chaumes, à Beuzeval.

56 — Bords du Lunin.

57 — Chemin de la Mare-aux-Fées, l'hiver.

58 — Cascade aux environs de Plombières.

59 — Cascade de Retournemer.

60 — Coupe sur les hauteurs.

61 — Orage, à Bourron.

62 — Chemin dans la forêt.

63 — Une Vanne, à Plombières.

64 — A Bourron.

65 — Les Bords du Loing.

66 — Roseaux au bord du Loing.

67 — Un Ruisseau, à Plombières.

68 — Étang, à Retournemer.

69 — Environs de Moret.

70 — Une Coupe en forêt.

71 — Environs de Plombières.

72 — La Ferme Mignard, à Plombières.

73 — Effet de neige.

74 — Granville.

75 — Ruines d'un vieux château dans la Beauce.

76 — L'Augrogne, à Plombières.

77 — La Baie de Beaulieu.

78 — Venise.

79 — Printemps, à Bourron.

80 — L'Augrogne, à Semouze près Plombières.

81 — Un Lavoir sur la Mare.

82 — Les Saules, à Moncourt.

83 — Le Lunain.

84 — Vieux Saules.

85 — Chemin, près Seine-Port.

86 — Sur les Hauteurs de Montigny.

87 — La Seine, à Poissy.

88 — En Basse-Seine.

89 — Environs de Moncourt.

90 — L'Automne, près de la Mare-aux-Fées.

91 — La Plage, à Jersey.

92 — Bourron.

93 — La Seine, à Paris.

94 — Une Source, à Plombières.

95 — Château de Martinwast, près Cherbourg.

96 — Le Clocher de Martinwast.

97 — Église Saint-Isaac, à Saint-Pétersbourg.

98 — Martinwast.

99 — La Rivière, à Épisy.

100 — Le Lac dans le parc de Plombières.

101 — Route de Moncourt.

102 — Lisière de forêt.

103 — La Source Saint-Thomas, près Nemours.

104 — La Mare-aux-Fées en automne.

105 — La Seine, à Triel.

106 — Coupe de bouleaux.

107 — Le Clocher de Bourron.

108 — Parc de Flines (Belgique).

109 — Pont, à Grez.

110 — La Croix cassée, à Marlotte.

111 — Ballancourt, l'hiver.

112 — Sur les Trembleaux.

113 — La Gorge-aux-Loups, l'hiver.

114 — Roches, à Jersey.

115 — Marée haute, à Jersey.

116 — Chemin de Cicéri.

117 — L'Augrogne, à Plombières

118 — Le Lac de Gérardmer.

119 — Palais de la Marine, à Saint-Pétersbourg.

120 — Une Place, à Saint-Pétersbourg

121 — La Néva.

122 — Château de Briquebec, près Martinwast.

123 — La Gorge-aux-Loups.

124 — Sur les Gâtines.

125 — La Mare-aux-Fées.

126 — Marlotte.

127 — Lisière de forêt.

128 — Bourron, temps de pluie.

129 — Roches dans la forêt.

130 — Chemin sur le plateau dans la forêt.

131 — Les Hêtres.

132 — La Gorge-aux-Loups.

133 — Sur les Trembleaux.

134 — Chemin dans la forêt.

135 — Hêtres en forêt.

136 — La Fontaine des secrets.

137 — Champ de coquelicots, à Marlotte.

138 — La Forêt en automne.

139 — Bouleaux sur les Trembleaux.

140 — Dans la Plaine, à Marlotte.

141 — Le Soir sur le plateau.

142 — Bords du Loing en automne.

143 — Lisière de bois.

144 — La Gorge-aux-Loups.

145 — Bruyères sur le plateau.

146 — Marlotte.

147 — Lisière de bois.

148 — Fougères au printemps.

149 — Printemps, à Marlotte.

150 — L'Hiver dans la forêt.

151 — Dordrecht.

152 — Le Lunain, près Montigny.

153 — Les Iles, à Saint-Pétersbourg.

154 — Lisière de forêt.

155 — Un Quai, à Saint-Pétersbourg.

156 — Environs de Dordrecht.

157 — L'Oise, à l'Isle-Adam.

158 — Bourron.

159 — Bretonne en prière.

160 — Rotterdam.

161 — La Plaine, à Marlotte.

162 — Parc Réservé, à Martinwast.

163 — Venise.

164 — Coucher de soleil.

165 — Chemin dans le Morvan.

166 — Coin de forêt.

167 — Fougères.

168 — Coin de culture, à Marlotte.

169 — Les Sources du Loing.

170 — Bords du Lunain.

171 — Bords du Lunain.

172 — Rochers dans la forêt.

173 — Chemin de Franchard.

174 — L'Automne en forêt.

175 — Rotterdam.

176 — La Mare-aux-Fées.

177 — *Sous ce numéro seront vendues les Aquarelles non cataloguées.*

Fusains

178 — Forêt de Fontainebleau, l'hiver.

179 — Sur les hauteurs de Martinwast.

180 — Une Mare en Morvan.

181 — Le Cousin, à Avallon.

182 — Dans la forêt.

183 — Le Drochon, à Houlgate.

184 — Bords du Loing.

185 — La Seine, près Creteil.

186 — La Seine, à Seine-Port.

187 — Forêt de Fontainebleau.

188 — Bords du Loing.

189 — Étang dans le Morvan.

190 — Sous bois.

191 — L'Hiver sous bois.

192 — Environs d'Hyères.

193 — La Plage d'Hyères.

194-195 — Deux Fusains.

196 — Les Bords de l'Ain, à Neuville.

197 — Gérardmer.

198 — Dans les Trembleaux.

199 — Sentier en forêt.

200 à 205 — Six Panneaux décoratifs en hauteur (seront divisés).

206 — *Sous ce numéro, les Fusains et Dessins non catalogués.*

Tableaux

207 — Vue du Kremlin, à Moscou, prise sous le pont Moskoa Rietzki. (*Salon, 1897.*)

Haut., 75 cent.; larg., 1 m. 25 cent.

208 — Crépuscule.

Haut., 75 cent.; larg., 1 m. 50 cent.

209 — Chemin sous bois.

Haut., 60 cent.; larg., 1 mètre.

210 — Roches moussues sous bois.

Haut., 65 cent.; larg., 1 m. 5 cent.

211 — Automne en forêt.

Haut., 70 cent.; larg., 50 cent.

212 — La Cure, à Givry.
Haut., 48 cent.; larg., 68 cent.

213 — Étang du Frout, près Brest.
Haut., 50 cent.; larg., 65 cent.

214 — Le Drochon, à Houlgate.
Haut., 79 cent.; larg., 45 cent.

215 — Intérieur de forêt.
Haut., 45 cent.; larg., 75 cent.

216 — Environs de Saint-Père (Morvan).
Haut., 45 cent.; larg., 75 cent.

217 — Coupes de bouleaux.
Haut., 45 cent.; larg., 75 cent.

218 — La Mare-aux-Fées.
Haut., 45 cent.; larg., 75 cent.

219 — Plougastel.
Haut., 45 cent.; larg., 75 cent.

220 — Dans le Parc, à Martinwast.
Haut., 45 cent.; larg., 75 cent.

221 — Ruisseau sous bois.
Haut., 45 cent.; larg., 75 cent.

222 — Les Bords de l'Ain.
Haut., 45 cent.; larg., 75 cent.

223 — Une Saulée.
Haut., 45 cent.; larg., 75 cent.

224 — Un Pré breton.

Haut., 45 cent.; larg., 75 cent.

225 — Une Barrière dans le Morvan.

Haut., 45 cent.; larg , 75 cent.

226 — Le Champ Rimbert (Morvan).

Haut., 45 cent.; larg., 75 cent.

227 — Le Bief du moulin, à Houlgate.

Haut., 45 cent.; larg., 75 cent.

228 — Le Ru de Seine-Port.

Haut., 45 cent.; larg., 60 cent.

229 — Bords de rivière.

Haut., 40 cent.; larg., 55 cent.

230 — Ruisseau sous bois.

Haut., 50 cent.; larg., 65 cent.

231 — Environs de Martinwast.

Haut., 65 cent.; larg., 42 cent.

232 — Bords du Loing.

Haut., 37 cent.; larg., 57 cent.

233 — Bords de rivière.

Haut., 57 cent.; larg., 37 cent.

234 — Lisière de bois.

Haut., 38 cent.; larg., 58 cent.

235 — Rue de village.

Haut., 37 cent.; larg., 57 cent.

236 — Chemin creux en forêt.
Haut., 55 cent.; larg., 35 cent.

237 — La Cure, à Saint-André (Morvan).
Haut., 30 cent.; larg., 52 cent.

238 — Paysage en automne.
Haut., 34 cent.; larg., 55 cent.

239 — Chemin creux.
Haut., 35 cent.; larg., 55 cent.

240 — Une Mare.
Haut., 35 cent.; larg., 55 cent.

241 — Chemin montant.
Haut., 55 cent.; larg., 35 cent.

242 — Une Chaumière sous bois.
Haut., 35 cent.; larg., 55 cent.

243 — Chemin en Bretagne.
Haut., 35 cent.; larg., 55 cent.

244 — Roches sous bois.
Haut., 35 cent.; larg., 55 cent.

245 — Une Ferme, à Plougastel.
Haut., 35 cent.; larg., 55 cent.

246 — Intérieur de forêt.
Haut., 35 cent.; larg., 55 cent.

247 — Une Vallée.
Haut., 35 cent.; larg., 55 cent.

248 — Sur les Gâtines.
Haut., 35 cent.; larg., 55 cent.

249 — Chemin en Bretagne.
Haut., 32 cent.; larg., 55 cent.

250 — Les Trembleaux.
Haut., 32 cent.; larg., 55 cent.

251 — Automne en forêt.
Haut., 32 cent.; larg., 55 cent.

252 — Petit Bras de l'Oise, à l'Isle-Adam.
Haut., 55 cent.; larg., 32 cent.

253 — Chemin dans les genêts.
Haut., 34 cent.; larg., 58 cent.

254 — Un Étang.
Haut., 35 cent.; larg., 58 cent.

255 — Lisière de forêt.
Haut., 34 cent.; larg., 58 cent.

256 — Une Ferme au bord de l'eau.
Haut., 36 cent.; larg., 56 cent.

257 — Un Village en plaine.
Haut., 38 cent.; larg., 55 cent.

258 — Intérieur de forêt.
Haut., 55 cent.; larg., 31 cent.

259 — L'Automne dans la forêt.
Haut., 47 cent.; larg., 27 cent.

260 — *Sous ce numéro seront vendues les Études non cataloguées (division).*

Atelier

CÉSAR DE COCK

261 — Les Hauteurs de Meudon.

MONGINOT

262 — Nature morte.

YVON (AD.)

263 — Dessin rehaussé.

YVON (AD.)

264 — Dessin.

PHILIPPOTEAUX

265 — Déménagement; souvenir du siège. (Esquisse.)

HARPIGNIES

266 — Soleil couchant. (Aquarelle.)

---

267 — Une Terre cuite, par ALLOUARD.

268 — Une grande tapisserie : La Reine de Saba.

Haut., 3 m. 40 cent.; larg.; 5 m. 60 cent.

www.ingramcontent.com/pod-product-compliance
Lightning Source LLC
LaVergne TN
LVHW021529140926
848035LV00047B/1264

* 9 7 8 2 3 2 9 5 2 8 2 9 8 *